AF598868

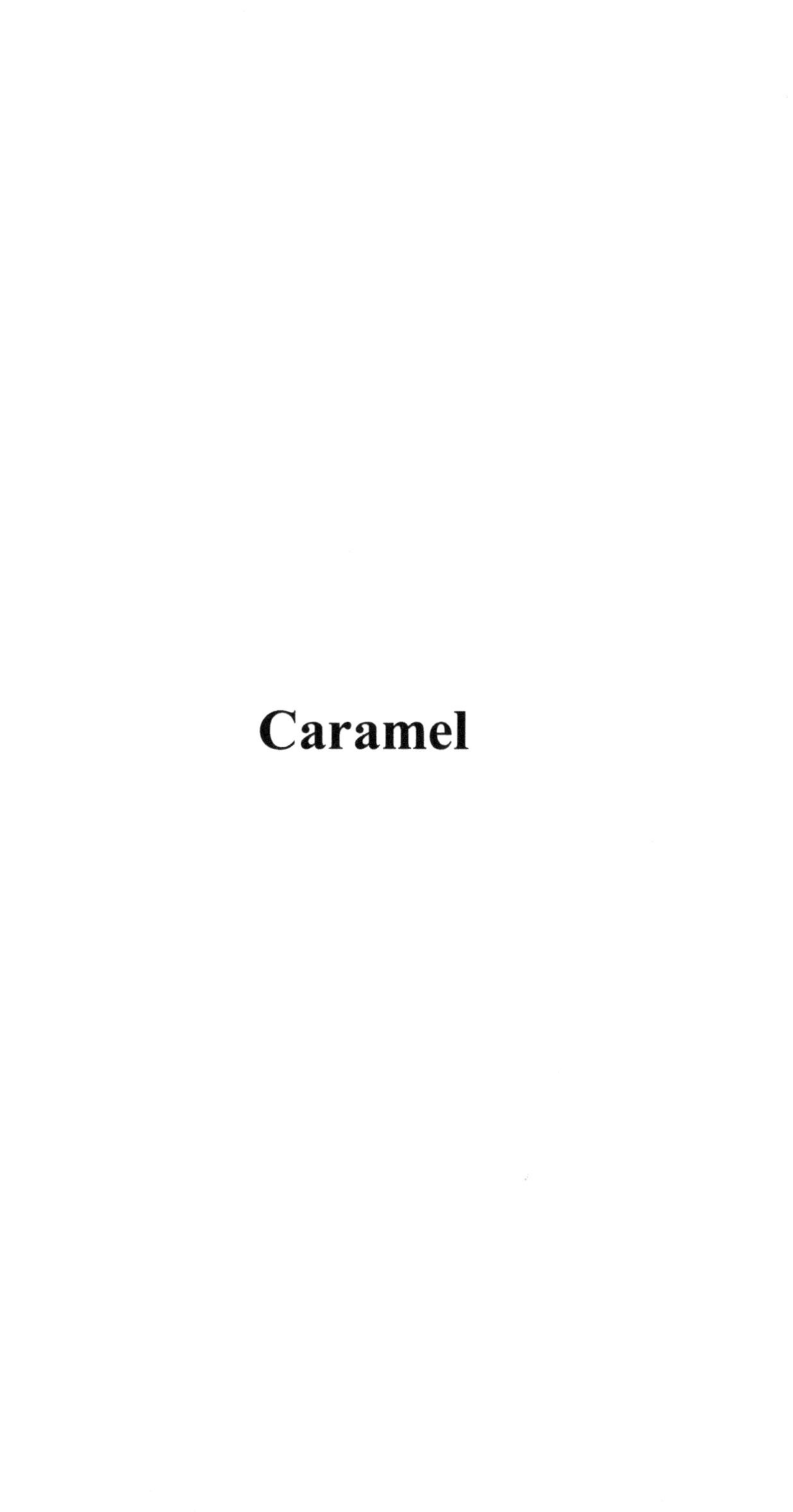

Caramel

Marie Pra

Caramel

ISBN : 979-10-377-7653-2

Dans mes souvenirs, Caramel est sur un caisson à livres.

Elle ne dort quasiment pas. C'est une vieille chatte qui ressemble à une enfant. Elle a un poil bien lustré et puis elle n'a pas plus de treize, quatorze, quinze ans, c'est mon adolescente. Sur ce caisson, elle ne fait rien. Elle laisse les jours filer.

La brûlure est là, dans mon dos, comme si elle m'observait toujours. Je me retourne : Caramel n'est plus là.

Caramel est donc une chatte. Une tigrée brune. Une Européenne à coussinets noirs et à fines moustaches très fournies. Elle a le nez roux, la gorge blanche. Ses yeux sont verts comme ceux de Scarlett, l'héroïne d'*Autant en Emporte le Vent*. Elle est très jolie.

Elle aura passé quelques années sur cette terre et marqué ma vie à jamais. Si je me permets de le dire, c'est parce que ma chatte avait une particularité qu'aucun autre chat, à ma connaissance, n'a jamais possédée : Caramel parlait.

Je sais qu'en révélant cela, je vais au-devant de bien des silences et des déceptions. Les gens ne me croiront pas. Jamais les scientifiques n'ont révélé des cas de chats parlant le langage humain. Il est évidemment impossible dans la vie quotidienne de dire à quelqu'un : « mon chat parle », sauf à un amoureux des chats qui s'imaginera que votre chat communique en miaulant de façon plus expressive que la moyenne. On a rendu compte d'oiseaux qui parlaient – mais aucun cas de chat n'a été détecté et étudié à ce jour. Pourtant, je ne peux pas nier que, durant cinq ans, j'ai entendu ma chatte articuler des mots.

Beaucoup de chats sont devenus célèbres par d'autres exploits. Vedettes d'Internet pour leur physique très particulier, héros de livres comme Bob le chat des rues, ils réjouissent la vie quotidienne de millions de fans et font enfler la demande de joliesse sensationnelle. Mais, parmi eux, nul ne trouvera Caramel, la seule chatte qui parlait. Cet oubli me semble une injustice. Je veux, moi, dire, qui fut ma compagne et ce qu'elle a pu m'apprendre sur ce qui se passe dans la tête d'un animal.

Ma prunelle, à présent, nous t'écoutons.

Le témoignage le plus mignon de ta bonne volonté fut ce soir où, allongée devant la télévision, je regardais un reportage sur les anguilles. Tu t'approchas de moi, me léchas le visage et dis : « J'aime les anguilles », comme une petite fille méritante qui veut faire plaisir à sa maman.

C’est toujours la première parole que je rapporte de toi quand je veux me lancer dans le descriptif de ton intonation et ton vocabulaire. Dans l’histoire de ta pensée.

Tu as gardé de nombreux replis de silence où tu restes encore, recroquevillée, dans une obscurité choisie. Je t’ai maintes fois supplié de me parler, j’ai souvent attendu tes réparties. Tu étais peu loquace et tes sorties impromptues en étaient d’autant plus comiques. Quand tu parlais, c’était toujours rare et inattendu.

Depuis que j'ai quitté l'enfance, les chats ont toujours fait partie de ma vie.

J'avais onze ans quand deux petites filles frappèrent à la porte de ma maison. Adoptées dans les premières années de leur vie, elles venaient nous apporter un chaton, trouvé dans un hangar, et nous le proposer à l'adoption.

Nous nous laissâmes, ma mère et moi, convaincre de prendre la bestiole pour une nuit, afin d'évaluer ensuite si nous la garderions. Or, le chaton, qui était une petite femelle tigrée, nous attendrit tellement, en tirant sur un jouet au bout d'une ficelle, que nous consentîmes à le garder. Ce petit chat possédait de grandes oreilles, « comme s'il allait s'envoler avec ». Ma mère, sans doute frappée par les couleurs sombres de sa robe, eut la bonne idée de l'appeler : Mouche.

Et Mouche fut mon premier chat.

Elle devint une belle adulte. Les jolis contrastes de sa fourrure révélaient, en dessous de son corps, un grand espace neigeux. Ses yeux étaient de couleur noisette. Quand elle faisait sa toilette, elle retournait ses deux oreilles en même temps. Il lui arrivait de prendre des mines précieuses, gracieuses, pour exprimer les courants de volupté qui la traversaient.

Elle disposait d'une maison, d'un potager et d'une terrasse, dont elle pouvait sans peine franchir les lignes, comme territoire. Nous ne la suivions pas dans ses promenades, il ne lui arrivait rien ; elle était craintive. Je regrette que nous l'ayons forcé à sortir plusieurs fois de chez elle, pour un séjour dans un village perdu des Cévennes, d'où nous la ramenâmes mordue à une patte et pour des séances chez le vétérinaire qui la mettait au bord de la crise de nerfs. C'est là que nous lui fîmes des piqûres au cou, soi-disant nécessaires pour sa santé mais qui devaient déclencher, des années plus tard, le cancer des vaccins, une excroissance poussant juste à l'endroit où la cible a été prise.

J'étais jeune et Mouche s'éprit d'une amitié spéciale pour moi. De même, je l'aimais beaucoup. Malgré quelques sottises au départ, comme rire d'elle et la poursuivre dans la maison, je me mis à la dessiner et à l'associer à toutes sortes d'aventures imaginaires.

En soirée, elle venait souvent s'étendre sur le canapé de la salle à manger. Elle passait aussi le soir dans ma chambre. Je finissais toujours par la houspiller parce qu'elle voulait aller et venir, ne parvenant pas à ouvrir la porte par elle-même : aujourd'hui, je regrette ce genre d'emportements. Il eût fallu être un ange tous les soirs et ne jamais lui crier dessus. Mouche avait un miaulement plaintif et il se peut que son cœur sensible ait souffert de mon impatience. Comme j'aimerais la revoir pour ne lui faire vivre que du bon temps !

Cette vie de chatte dura onze ans. Le plus inacceptable en est la fin : l'excroissance sur le cou de Mouche était devenue purulente et nous jugeâmes, peut-être à tort, que c'était suffisant pour la croire finie. Or, Mouche a eu conscience de la mort et elle ne voulait pas mourir. À son tempérament ordinairement craintif, s'ajouta son pressentiment : son euthanasie fut une catastrophe. Elle s'enfuit, fut prise en embuscade, trépigna, se débattit de terreur, me supplia, résista, réagit mal à l'anesthésie – je la revois, les yeux louchant, tirant la langue, moi devant ce spectacle, en larmes – et elle mourut après un combat horrible, dans lequel elle n'avait pas eu toute sa dignité, ce qui est encore plus déchirant. Ce fut une disparition très dure que la sienne, et, aujourd'hui encore, je regrette que tout se soit si mal passé.

Son existence avait été un peu courte mais elle avait fait le printemps avec calme et gentillesse. Elle m'a tout montré des chats, ce qui était faisable et difficile avec eux. Elle est la première de ma série des chattes tigrées, car toutes furent choisies ensuite sur le même modèle.

Quand je revois la vie de mes chats, à présent qu'ils m'ont tous été pris par la mort, il me semble que, tant qu'ils sont en vie, nous sommes là pour les aider à vivre, mais que quand ils s'en vont, c'est pour décorer un autre point du monde de leur sublime présence, remplir une autre mission ; et là nous ne sommes plus rien, qu'un dé jeté dans les souvenirs.

Adulte, j'ai aussi eu une chatte. Elle ne m'a jamais susurré mot comme Caramel, mais elle fut autre chose, elle est encore un manque aujourd'hui.

J'étais devenue, depuis plusieurs mois, propriétaire d'un petit appartement à Paris. Il me manquait un chat, j'étais encore fada de ces petits êtres ; j'allai à la Société Protectrice des Animaux et j'en adoptai un.

La chatte que je pris avait été trouvée seule sur la route ; on ignorait tout de son nom, de son passé, de son origine. Elle était pourtant étonnamment douce.

Elle avait environ cinq ans, était rayée brune sur le haut et toute blonde quand on la retournait, avec un menton blanc et des yeux verts qui, le soir, devenaient noirs comme deux olives luisantes. Elle était d'un toucher moelleux, pareille à un gâteau et sentait de bonnes odeurs fruitées et florales. Elle émettait de petits sons brefs, *Ha !* et *Hin !* pour réclamer sa nourriture, ce qui la dotait d'un charme certain. Cette délicieuse créature était un peu ronde et je l'appelai Plumpy, *dodue* en anglais. Sa tête était admirable.

Dès qu'elle posa un pied dans mon appartement, elle se mit à ronronner comme si elle émettait une grande lumière blanche. Je la pris dans mes bras, elle me câlina. Elle venait de comprendre qu'elle possédait une maison, qu'elle était adoptée. Elle l'a su d'instinct, avec une grande intelligence.

Quant à moi, je commençai à avoir des scrupules : j'avais été seule à l'adopter et il me sembla être devenue mère célibataire. Ce fait me donna le cafard. Mon psychiatre me permit de relativiser, en me disant que j'avais affaire à un chat et non à un enfant ; or j'étais en pleine projection. Ses propos me permirent d'aller mieux et de regarder ma chatte sereinement.

Plumpy fit partie de ma vie et fut traitée avec adoration. Elle était très câline et affectueuse. Il n'était pas difficile de la faire monter dans une caisse, de la porter dans un train et donc de l'emmener en vacances ; elle découvrit la maison maternelle, y mangea des crevettes, y gratta un mur, y monopolisa des chaises et un canapé. Quand nous rentrions à Paris, elle se réadaptait sans peine à la petitesse de mon appartement.

Je ne me souviens pas de ce que je pouvais lui dire. Je n'ai pas de films de cette époque. Il me reste quelques photographies de cette jolie chatte ; mon regard se porte plusieurs fois par jour sur l'une d'elle, collée sur ma cheminée, qui m'attendrit particulièrement : on y voit un petit animal au corps rond, avec un visage tout innocent et comme quémandeur de caresses.

Plumpy m'accompagna dans la vie pendant un an et demi. Un jour, tout à coup, elle fit une crise horrible, tirant la langue et bavant, le ventre énorme secoué de spasmes, et s'étendit à terre pour tâcher d'extraire ses excréments. Le vétérinaire lui diagnostiqua une maladie rénale. Je fis mettre ma compagne sous perfusions pendant deux nuits, puis il fallut se résigner : Plumpy ne mangeait plus guère, ne se lavait plus, ne buvait plus que de l'eau. Son état était au plus bas. Je la fis euthanasier ; elle mourut comme une fleur, en un rien de temps, paisiblement, ma petite puce : elle se coucha sur le flanc, puis ce fut la dose létale, et son cœur ne battit plus.

Qu'un mécanisme aussi complexe que la vie puisse être défait par un simple liquide, voilà qui me stupéfia. Je rêvai de retrouver mon chat dans un paradis matériel où elle serait indemne avec ses odeurs de peluche fruitée, son miaulement ruisselant clair, ses petites pattes qu'elle posait sur mes bras en ronronnant quand je la portais… Elle était mon bébé. Voilà douze ans qu'elle est morte ; elle me manque encore ; je l'adore et je l'aimerai pour l'éternité.

J'étais désormais en couple et il nous manquait, à nous trentenaires, un bébé dans la maison. Mon compagnon n'avait eu que des chiens, je raffolais toujours des chattes tigrées ; nous allâmes à la Société Protectrice des Animaux de Gennevilliers.

Parmi les caisses où étaient enfermées les bêtes, je remarquai une chatte qui me parut très jolie, mais la vétérinaire nous annonça avec véhémence qu'elle avait des problèmes de dents. Je pensai que je ne saurai pas prendre ses soucis médicaux en charge, et, moins généreusement, je rabattis ma décision sur une chatte voisine, qui n'était pas mal non plus. Elle s'appelait Lisette, avait cinq ans et venait de Thionville.

Quand nous débarquâmes la petite chatte dans notre appartement, elle courut se réfugier derrière le frigo, et y resta dissimulée pendant quatre jours. Elle semblait en colère contre nous. Désireuse de prononcer un nom sucré, amusant, je l'avais surnommée Caramel. Elle était sauvage comme un océan en furie. Sans doute avait-elle un passé traumatisant car elle ne désirait pas se montrer. Seul son maître avait la force de rester près du frigo et de lui parler sans arrêt ; de sorte qu'il finit par l'amadouer un peu et la faire dégager de son antre. Il reproduisit ensuite ce même effort vers l'armoire, où elle partit se dissimuler peu après.

Au bout de cinq jours, les choses semblaient rentrées dans l'ordre et Caramel se déplaçait normalement dans l'appartement.

Notre nouvelle chatte avait un tempérament fort. Elle possédait un miaulement vieux, éraillé. Elle était vite colérique, et pouvait pousser des braillements tels, quand elle souhaitait manger, que son maître s'en indignait ou, le plus souvent, en riait à gorge déployée.

C'était également une petite coquine qui adorait jouer : à son âge, elle y passait un temps considérable. Nous avions des petites souris en peluche pour la divertir. La nuit, elle faisait vibrer le sol de ses courses effrénées.

Fonctionnaires tous les deux, nous avions de nombreux arrêts maladie et, dans le petit appartement parisien, nous étions sans doute des maîtres très présents. Mais, quand nous partions en vacances, souvent chez mes beaux-parents, nous laissions des amis garder Caramel : la plupart du temps, nous la retrouvions traumatisée.

Un jour, nous rentrâmes de Touraine : notre jeune chatte était tellement perturbée par notre départ qu'elle régressa et courut se glisser dans l'armoire.

Il lui fallut, doucement, les jours suivants, se réhabituer à notre présence. Sans doute avait-elle voulu bouder. L'être contre lequel elle exprimait le plus de véhémence était mon compagnon. C'était pourtant lui qui se dévouait le plus à elle, tentait de la tranquilliser et de l'amadouer, mais elle semblait curieusement misandre.

« Saleté ! » s'exclama mon compagnon après avoir été griffé par elle.

Le ton était dur, sans concession. Très blessé par Caramel, il l'insulta derechef.

Ce fut le seul incident. La plupart du temps, mon compagnon était dithyrambique au sujet de son adoption :

« Hein qu'elle est heureuse, avec son papa et sa maman ! » disait-il. Moi, je me faisais petit à petit à elle. Caramel venait souvent me réclamer des caresses.

Nous avons ouvert la porte de notre appartement. Vite, la panique s'empare de nous : Caramel a disparu.

« Caramel ! Caramel ! Où es-tu ? »

Je vais faire le tour de l'immeuble. Nous sommes au fond du couloir, nous habitons au quatrième étage. Il y en a cinq. Il faut fouiller partout. Malheureusement, notre chatte n'est plus dans les étages proches. Tous sont vides de sa présence.

Je songe à la catastrophe que ce serait si elle descendait jusqu'au rez-de-chaussée. Il suffit qu'un passant ouvre la porte de l'immeuble et elle pourrait s'enfuir à jamais, dans la rue, où il serait impossible de la retrouver. La rue de Paris est dangereuse pour les chats. De nombreuses affiches pour les animaux perdus sont collées, chaque semaine, sur les murs et les panneaux de la cité ; je m'arrête souvent pour les lire, regarder la photo de l'animal et mon cœur se serre de pitié. Mon Dieu, faites que cela n'arrive pas à ma petite Caramel, surtout pas.

Un homme, au premier étage, nous appelle : il vient de trouver notre chatte. Le poil hérissé, elle s'est accrochée à la grille de l'ascenseur. Elle ne nous regarde pas. Elle ne nous reconnaît pas. Je suis effrayée. J'ai peur de ne pas réussir à la porter.

Je ne sais pas comment nous réussîmes à la reprendre. Certains moments de notre relation, y compris les plus périlleux, ont disparu de ma mémoire. Mais une chose est sûre, après cet incident, Caramel fut bouclée à double tour.

Caramel était une chatte en bonne santé et, le temps qu'elle vécut entre son maître et moi, elle ne nous posa aucun problème. Sauf une fois.

Elle se mit à se gratter anormalement une oreille.

Il n'est pas facile de se remémorer exactement les symptômes qui nous poussèrent à consulter le vétérinaire, mais une chose est sûre, ce fut une consultation à domicile qui fut élue pour madame : notre chatte se rebiffait tellement à l'idée de monter dans sa caisse qu'elle nous avait rendu la vie impossible. Nous ne pûmes l'y faire rentrer, malgré l'alliance de nos deux forces et de nos deux doigtées.

Le vétérinaire arriva en début de soirée. C'était un homme brun, mince et débonnaire. Je redoutais toujours énormément ces médecins car j'avais peur pour mes animaux, je craignais le diagnostic et les tarifs des consultations tout à la fois.

« Alors qu'est-ce qu'elle a ? » demanda le monsieur.

Le vétérinaire tenta d'immobiliser Caramel. Elle témoigna plus que d'une simple mauvaise humeur.

« Elle a quelque chose dans l'oreille », découvrit le médecin de madame.

Pour lui ôter ce qui était entré en elle assez profondément, il fallait endormir notre chatte. Or, Caramel était décidée à ne pas se laisser manipuler. Elle se débattit tellement que le vétérinaire dut sortir une énorme épuisette, comme un filet de poisson arrondi, et l'immobiliser à l'intérieur.

En même temps, il lui fit une ou deux piqûres qui endormirent la revêche sur la table de la salle à manger. Alors seulement, je pus respirer : la guerre cessait. L'opération allait pouvoir commencer. Le vétérinaire sortit une grande aiguille en métal et retira de l'oreille de la chatte une saleté quelconque.

« Les instruments de torture… » fit-il en exhibant plaisamment son aiguille sous mes yeux.

« Voilà, c'est fait. Elle s'était mis cela dans l'oreille. Rien de grave », conclut le vétérinaire.

Il ne restait qu'à payer les soins, de façon majorée. Mais tout valait mieux que le stress procuré par une maladie. Tout était fini. Caramel allait revenir à elle. N'était-ce pas merveilleux que tout aille bien ?

Combien de jours, de semaines, de mois, d'années, ont ensuite passé avec la force de l'habitude, sans que je m'aperçusse, chez Caramel, d'un trait quelconque qui la différencierait des autres chats ? Nous la filmions, nous la photographions, nous riions d'elle comme s'il s'agissait d'une peluche, nous composions des chansons infantiles à son sujet :

Caramel est une petite chatte
Qui a de belles papattes…

Sachet, cake sur patte, petit objet miaulant, autant de surnoms extravagants que nous lui donnions.

Nous aimions déclamer à voix haute : « Belle, douce, pelucheuse… Elle a vraiment tout pour plaire ! » C'était l'enfant du couple.

Au fur et à mesure qu'elle avait pris ses marques dans l'appartement, ses colères s'étaient calmées. Elle devenait une petite tigrée ordinaire, indispensable. Nous l'aimions profondément. Rien ne devait changer de ce train-train ordinaire. Là encore, comme pour mes chattes précédentes, il est impossible de distinguer des lignes différentes dans le bleu azur du ciel. Elle était témoin de notre vie quotidienne. Une partie du temps, nous étions au travail. Le reste du temps, qui était considérable, nous lisions des livres, nous devisions de films. Je composais des manuscrits. Les mots coulaient à flots.

Au bout de cinq ans et demi, je me séparai de mon compagnon. J'étais propriétaire de mon appartement et il dut se résoudre à vivre ailleurs. De même, je gardai notre chatte : il me paraissait évident que je ne pouvais vivre sans elle et que lui le pourrait.

Raconter comment nous en vînmes là n'est pas le sujet de ce livre. Mais, à la fin de notre union, je ne supportais plus de rester au lit avec mon compagnon car je me souviens que ses ronflements m'empêchaient de dormir : j'allai donc tenter de m'assoupir dans l'autre pièce, sur le sol, péniblement enroulée dans un duvet.

C'était le soir et Caramel accourut vers moi.

« On dit que les chats aiment venir soulager les gens malades… hasardai-je, sans penser à moi.

— Eh ben, m'expédia mon compagnon qui souffrait d'une sciatique, tu dois être bien plus malade que moi, car elle vient souvent sur toi ! »

J'étais un peu vexée. Je me souvenais surtout de la misandrie de Caramel.

La séparation eut lieu au mois d'avril. J'eus plus tard le culot de demander à mon compagnon une pension alimentaire de cent euros pour le chat, car j'allais être en difficultés financières. Il ne répondit jamais, et je le comprends.

Le maître de Caramel refusa également de remettre les pieds chez moi. De fait, j'avais été à l'origine de la séparation, qui fut un traumatisme sans précédent pour lui. Il ne devait jamais revoir son chat. J'aurais pourtant apprécié qu'il vienne la revoir et la garder de temps en temps. Qu'est-ce que cela aurait donné s'il se fût agi d'un véritable enfant ?

Je remplis mon dossier de travailleuse handicapée. Puisque c'était proposé dans le questionnaire, je demandai aussi une allocation pour mon animal. Motif : « Je suis en dépression, et mon animal est thérapeutique ». Évidemment, cette demande essuya un nouveau refus. Il ne fallait pas compter sur Caramel pour me donner un coup de pouce financier.

La nuit est tombée. Chaque soir, j'écoute les bruits de la rue, étendue sur le lit, les yeux rivés au plafond où se dessinent les lumières des voitures. Caramel vient désormais dormir avec moi.

L'idée d'initier un chat au langage ne m'est pas venue à l'esprit. Lors d'un séjour dans un village enneigé, sous le toit d'un jeune couple de vétérinaires hébergeant trois vies de chats, je constatai que les petits félins intégraient dans leur champ de volupté les mots des humains et le ressac de leurs phrases poétiques. Un mâle roux avec qui je fis, en présence de mon compagnon, une lecture de Montaigne, ponctuée d'éclats de rire bon enfant, revint, dès cet épisode sonore, se coller systématiquement en boule contre le lit de notre chambre.

Notre chatte Caramel se mit à articuler le français après le départ de son maître. Elle nous avait vus échanger, nous aimer, nous esclaffer de rire en lisant de grands auteurs de littérature, il n'était pas surprenant que le français fût pour elle associé à un liquide amniotique, un théâtre ludique, à des occasions d'affection, et non à un jet de tirades dont elle pouvait rester exclue. Or, son maître n'étant plus là, le lit conjugal rétréci, elle quitta ses chaises, paniers et tissus d'armoires puis vint bondir sur ma poitrine, y collant son buste plat telle une collerette d'escargot, de sorte que sa tête ronde, aux yeux pleins et naïfs, en vint à surplomber mon visage comme une immense statue de bonze parlant.

Et elle se mit, chaque nuit, à tirer la langue sous mes yeux, à produire des tirades vives comme des lapements d'air, et ces mouvements de langue articulèrent des phrases de français.

Je jure ici que c'est vrai.

C'est au bout de plusieurs mois que Caramel prit la parole, comme un petit être humain doué d'une voix claire, un peu sentencieuse et drôle. « Mon père, me dit-elle, m'a abandonnée. J'ai le cœur brisé. » C'était curieux. On aurait dit qu'elle avait un petit pot de crème à l'intérieur de la gorge. Sa voix d'enfant semblait lactée. Intimidée, mais pas excessivement surprise, je lui répondis :

« Tu veux en parler ? »

Je crois que Caramel ne me répondit pas. Comme je l'ai déjà dit, la mémoire me fait souvent défaut.

Un jour, je me souvins qu'elle s'emporta contre son maître. Elle se rappela sa sciatique, et, d'une petite voix rendue aiguë par l'indignation, tempêta : « Il était là comme un légume ». De fait, je revis son père assis sur le lit de notre chambre, le dos bloqué, tenant constamment une manette de jeux vidéo.

Un an plus tard, je devais lui reparler de mon compagnon :

« Il s'appelait David, il était grand, très grand… Il était là, sur le lit… »

J'interrogeai plusieurs fois Caramel à son sujet. Durant notre séparation, son père m'avait écrit : « Explique à notre fifille pourquoi son papa n'est plus dans sa vie… » Alors, insensible à ce type de communication, persuadée que Caramel ne comprendrait pas, je n'avais pas clairement fait mon travail. J'imagine que notre chatte en était venue à tirer ses propres conclusions.

Mais, un an plus tard, elle ne se souvenait plus du tout de lui.

« Il était grand… Tu ne te souviens pas de lui ?

— Non », devait-elle dire plusieurs fois.

La vie chez soi.

On ignore de quelles fantaisies sont faites les vies sans argent.

Ma chatte m'a dit :

« Je suis populaire ».

Je comprends qu'elle ne veut pas dire par là qu'elle a la cote, qu'elle est très aimée des foules, mais qu'elle aime ce qui est populaire, comme le Front Populaire. Cette attirance pour la politique de gauche était une constante chez ma chatte. J'y reviendrai.

Nous écoutions beaucoup parler les voisins. Un samedi matin, j'avais ouvert les fenêtres de ma chambre et l'on entendait causer des Bourguignons. Mon animal se taisait, les oreilles en triangles veloutés ; dressée, elle flairait les mots, ses yeux, jarres de chatte, étaient ronds et lisses, dépourvus d'expression, qu'un petit contentement ; elle saisit, en un rien de temps, qu'il était question de ma région native ; prestement, elle sortit sa langue et sévit :

« Va pour Bourcouillons. »

Je poussai une exclamation de surprise. C'est drôle, certains voisins avaient un langage de geek, ils possédaient des expressions codées de la nouvelle génération. Un A était pour eux une gratification, une excellente note, une distinction exceptionnelle, comme dans le système scolaire anglais, un I était un raccourci pour dire intelligence. Comme j'allais m'en rendre compte, je ne suis pas la seule à me laisser influencer par la façon qu'ont les autres de parler, Caramel avait aussi les oreilles finaudes.

Quand elle ne faisait rien, étalée en canapé sur la table à manger, écoutant un air de Radio Classique, les yeux tirés de plaisir, je la prenais contre moi et lui disais poétiquement :

« Tu radotes des nuages !

— Quelle pensée te traverse ? dis-je encore à ma chatte, qui sauta sur le parquet. Tu as quelque idée dans ta tête ? »

Elle me répondit :

« Miaou ! »

Oui, elle pouvait être extraordinairement normale. Du reste, la plupart du temps, c'était une chatte comme les autres, et quand elle ne prononçait aucune parole, quand il était question de ses besoins, de sa nourriture, de pensées de félin, il était désespérément impossible de lui faire avaler quelque chose de logique.

Je me remis, nerveusement, à placer de l'argent en vue de ses soins.

La lumière des yeux verts de ma chatte me captive. Éteinte sur le lit, arrondie comme un nid de moineaux, elle relève la tête et me jette soudain cette phrase narquoise :

« Ah oui, parce que ton i est resplendissant ! »

Un i est donc un intellect. Je suis surprise. C'est le signal sonore, impertinent, d'un chat qui désire entendre une nouvelle lecture, ou redresser sa maîtresse, éteinte par une journée de travail.

Je dis : une nouvelle lecture, car je lisais des livres à mon chat, c'est comme ça.

J'ai ouvert un de mes caissons et lui ai choisi la *Nouvelle histoire de l'Homme,* l'ouvrage d'un paléoanthropologue, Pascal Picq. Je lui ai lu des chapitres sur l'homme et l'animal, ou comment, en plusieurs siècles de pensée, l'être humain en vint à rejeter l'animalité du côté du Mal. J'observe ses yeux plissés, sous le front tigré qui accueille le petit cristal de la lecture. Une voix d'enfant, celle que j'adopte, adoucit le sérieux du propos.

Les mots « pire », « diabolique », « massacres » sont sortis de ma bouche. Je repose l'ouvrage savant. La chatte vient se blottir sur ma poitrine et me montre sa joue, les yeux en amande, avec des cils de séduction, un air précieux, de la joliesse, un déploiement de gentillesses gracieuses. Ce *froufroutage* plein d'agrément me surprend comme une proposition de caresses bien au-delà de nos échanges ordinaires. La chatte a l'air si innocente que sa séduction arrache des anges sur le toit des lunes.

« Si tu es un animal, tu es misérable », me dit Caramel.

Mon chat avait ainsi retenu la substance de cinq pages d'un disciple de Claude Lévi-Strauss.

Craignant pour la santé de mon animal, je lui expliquai longuement que les êtres humains pensaient que lui ne pensait pas, et qu'il m'était également arrivé d'être taxée d'idiotie par des inconnus. Que ce n'était pas agréable. Elle dégusta mon visage de ses yeux pleins et noirs. Ses poils plus soyeux qu'à l'ordinaire faisaient songer à ceux d'un petit phoque. En ronronnant, elle observa fixement, comme jamais, mes lèvres – qui se gardèrent d'articuler davantage.

« Tu es un animal », devais-je lui rappeler doucement. Elle gémit. À l'époque de la lecture de Pascal Picq, Caramel devint hyperconsciente. Ainsi, je lui révélai que j'avais eu une chatte avant elle, Plumpy, que celle-ci avait « disparu », euphémisme pour désigner la mort… Caramel gémit avec effroi, comme si elle craignait avec elle la répétition de ce passé.

Avec les lapements, qui lui permettaient de prononcer toutes nos voyelles, et d'utiliser à la suite nos consonnes, sauf un escamotage du *r*, avalé comme une petite purée, ma chatte exprimait des pensées métaphysiques et parfois littéraires. Comme si elle possédait un cœur humain au-dessus de son cœur félin.

« Caramel, parle-moi !

— Pas question ! s'exclame-t-elle d'un ton à la fois aigu, survolté et… séduisant.

— Que suis-je pour toi ? insistai-je.

— Tu es tout mon monde. »

Son monde ! Il était sans doute riche et varié. Elle avait coutume de se glisser contre ma gravure de Shigehito Maehara, un artiste s'inspirant des estampes japonaises et des tableaux surréalistes occidentaux. Sur le corps d'un oiseau se dessinait une figure de chat. Elle y laissait parfois un poil noir et gracieux.

Un jour où elle constata que j'avais enlevé du mur des cartes postales auxquelles elle s'était habituée, le regard de Caramel se raidit, se figea comme un paquet de neige glacée et elle fixa longuement la peinture, éberluée. Il en fallait peu pour perturber tout son monde.

« Alors, et tu es comment, toi ? repris-je à tout hasard.

— D'extrême gauche, dit mon chat.

— Tu ne votes pas.

— Rien de ce qui est injuste ne m'échappe.

— Les gauchistes sont souvent aussi des gens injustes. Mais, pardonne-moi, je ne te contredirai pas. Je te préfère comme cela.

— Je sens les choses si fortes que c'est comme si chacun de mes poils était une antenne pour sentir.

— C'est ce que je crois aussi et c'est pourquoi ceux qui font souffrir les animaux n'ont aucune excuse. Car vous êtes des créatures extrêmement sensitives. »

Elle avait les yeux étirés, la tête arrondie et satisfaite et le corps tout entier pris dans les saccades de la volupté. Je la laissai dormir.

Dès lors, tout alla très vite. Je pris Caramel dans mes bras – ce qu'elle n'aimait pas trop – et la déposai près de moi sur le lit. Elle vint glisser sur mon dos, ce qui me chatouilla délicieusement.

« Tu me fais rire, Caramel ! m'écriai-je.

— Je te fais rire.

— Qu'il fait bon d'entendre ta belle voix ! Parle-moi encore mon bébé.

Imagine que je suis psychanalyste. Raconte-moi ton enfance. »

Je vis qu'elle ne comprenait pas et m'engageai à prendre la conversation autrement.

« Quand j'étais enfant, je lisais déjà. J'ai découvert les livres d'astronomie à huit ans. J'ai ainsi appris que le soleil disparaîtrait dans quatre milliards d'années. L'infiniment grand a eu raison de moi.

— Le soleil ?

— C'est cette coulée de lumière sur laquelle tu t'étends quand tu montes sur les draps.

— J'ai rencontré le soleil, dit Caramel.

— Ça, c'est bien possible.

— Nous étions plusieurs étoiles roulant les unes sur les autres et le soleil nous léchait.

— C’est bizarre.

— Autour le sol était gris. Il faisait doux et chaud. On a changé de soleil depuis.

— Impossible Caramel. C’est toujours le même soleil. À l’échelle de notre vie, il est éternel. Le soleil vous léchait ?

— Un jour, il nous a rejetés loin de lui. Je n’ai pas compris et j’ai eu beaucoup de peine.

— J’ai compris Caramel, tu parles de ta maman !

— Tu es ma maman.

— Mais elle, c’était ta maman chat. Ta première maman. Caramel, tu es un chat ! »

Le petit animal sembla éberlué et se tut. Elle n’avait pas bien conscience de sa finitude.

« Elle est mon orpheline de nouveau », dit ma chatte en m'escaladant quand je rentrai d'un voyage en Normandie où je m'étais fait rosser. Dans le registre du corps, plus flou pour elle que les concepts, je l'entendis prononcer le mot « poitrine ». Je lui désignai la mienne. Elle témoigna son étonnement devant la chose. Former une phrase cohérente avec un mot, sans identifier nettement l'objet physique, était une gageure de ce petit être dont la parole n'était jamais prolixe, verbeuse, mais laconique et claire. Avait-elle conscience de notre différence ? Il y a maman, il y a orpheline. Les animaux tutoient. Le spécisme, le marquage en termes d'espèce leur sont étrangers.

Je me souviens avoir brusqué Caramel en la soulevant de nombreuses fois devant la glace ; un jour, elle aperçut en reflet droit un minuscule avorton couvert de poils bruns et poussa, dents relevées, un cri plaintif. Il n'y avait dans son espace que moi de beau, et elle s'éprouvait peut-être, dans les draps amniotiques, comme une somme de blanc et de beau, non comme cette petite créature velue.

Elle entendit les disques de la Contre-Histoire de la Philosophie de Michel Onfray et se prit de familiarité pour des lettrés.

« Il a été déçu par ta lettre, me dit Caramel un bel après-midi, à propos de l'auteur des disques. Il aurait voulu plus de renseignements sur Finkielkraut. »

Sa voix était celle d'un petit garçon handicapé. J'avais de la tendresse pour ces sonorités vulnérables et charmantes.

Les chats témoignent d'une pareille horreur pour la brutalité. La violence verbale est une abomination dans leur monde.

Au printemps, des militantes staliniennes se lancèrent dans une campagne de harcèlement à Paris. « Tu es d'extrême droite ! », criaient-elles en groupe au-dessus de notre domicile. Ce fut alors le seul visage que ma chatte connut de l'humanité. Elle croyait que sa maîtresse n'avait plus aucun ami et que tout humain, au-dehors, possédait quatre ou cinq barils d'insultes dans la gorge. Elle s'échappa dans le couloir, dévala l'escalier de l'immeuble et s'enfonça à l'étage du dessous. Le petit animal qu'elle était rampa jusqu'aux portes des voisins, hurla des miaulements, appela, quêta, persuadé que ceux qui lançaient : « Tu es d'extrême droite ! » vivaient à côté de lui. Et parce qu'ils s'étaient mêlés de notre vie tant de fois, ces humains-là devaient, logiquement, ouvrir leurs portes et recevoir le chat qui pliait de colère sous les méchants sons.

« D'extrême droite ! Dégueulasse ! » articula Caramel, la nuque écrasée, d'une voix si haute et si claire qu'il était possible de la confondre avec le timbre d'un larynx humain.

L'agressivité de ces femmes insista à notre porte des nuits entières. Allongée, me tenant enfin au silence, je fus sidérée d'entendre mon chat, replié calmement comme une datte, réagir aux insultes des femmes dont les provocations valaient l'arme à feu de Valérie Solanas :

« Pourquoi tu ne dis rien ? Souhaiter leur mort, c'est ça qui serait A. Il n'y a pas de pardon pour ce qu'elles te font subir. »

J'en avais marre de refouler ma haine. Caramel avait profondément raison. Il est vraiment soulageant de pouvoir souhaiter la mort de quelqu'un, sans jugement d'eau bénite ni culpabilité.

Je sortis prendre le bus, à la recherche mentale d'un pays dont la religion jetait l'encens aux chats. Existait-il une tradition qui leur vouait un culte comme aux vaches en Inde ? Ma chatte était une nouvelle religion.

Or, par hasard, je rencontrai à l'arrêt de bus un jeune chrétien. Malgré son sourire, je n'eus aucune envie de partager son enthousiasme et de poursuivre la conversation, toute la Bible m'était d'un monde antérieur.

Parce qu'il est sans préjugé, parce qu'il voit par évidences, l'animal ressent et sait par le ressenti ; quiconque subit l'agressivité souffre d'injustice, donc haïr s'inscrit dans une hygiène spirituelle. C'est refuser un mode de comportement courant pour que la victime se tasse, coupable de quelque chose, et devant qui la violence se saurait cautionner, encore et toujours ; c'est une âme qui rend au pareil, au lieu de prendre coup double contre soi. L'animal préfère l'instinct de préservation, l'autodéfense, la liberté, à la morale qui juge et rend étroit.

Dans un livre de l'écrivain Stéphanie Hochet résumant ce que l'histoire sait des chats, il est affirmé que les petits félins de l'Antiquité égyptienne étaient mis à tel point sur un piédestal qu'il est possible d'envisager leur originalité spirituelle. Si, à l'époque, il avait été admis qu'ils pouvaient développer leur langage et devenir bavards à force d'être mêlés aux affaires intimes ou aux secrets d'État de leurs maîtres, on comprend que tuer un chat ait valu homicide. La probabilité que des chats aient ensuite maîtrisé le français médiéval, après avoir eu le baccalauréat égyptien, aurait conduit toute une population à penser ces chats hors de la spiritualité chrétienne, donc dangereux. Pourtant, malgré ces suppositions fantaisistes, je n'ai jamais entendu parler de documents anciens relatant la conversation d'un chat.

Il existe de nombreux chats mélomanes. Internet regorge de vidéos où l'on voit des chats jouant du piano, ou se promenant sur les touches, ou écoutant nonchalamment, couchés, la pénétrante musique sortie de l'instrument.

Caramel n'était pas de ce calibre, et, pour cause, je n'ai pas de piano. Mais, un jour, alors que je venais de mettre Radio Classique, je la vis défaillir de volupté, une patte de travers, les yeux plissés et le nez levé comme si elle humait une fleur exquise ; la musique lui faisait un effet fou et venait se perdre dans l'atmosphère de ses ronronnements.

Quand je partis en Grèce, un matin, j'eus l'idée de mettre un disque de musique classique à ma chatte. Elle vint près de moi, sur le lit, et sembla écouter. Elle était pleine de douceur et de gentillesse, comme soudée à moi. Quand il fut l'heure de partir, j'eus l'impression de trahir notre intimité. Ah, si ce moment avait pu durer !

Si je n'avais pensé qu'à ma compagne, sans doute la musique classique aurait-elle été ma référence. Mais ma personnalité préférait les accompagnements plus toniques et, depuis l'adolescence, je raffolais de chansons pop japonaises. J'en avais accumulé des centaines de disques compacts. C'est ce qui tournait le plus souvent chez moi. Quelle ne fut pas ma surprise le jour, un des premiers après qu'elle eut parlé de son père, où Caramel me dit : « Ta musique est plus intéressante ». Je ne m'étais pas seulement aperçue qu'elle l'écoutait.

Le dernier jour où Caramel se mêla de musique, le jazz était à l'honneur. Elle entendit le début du titre d'une chanson de Billie Holiday et répéta : « I'm a fool », tout bas, avec un air consciencieux, comme si elle cherchait à retenir et classer une information. C'est donc ainsi, en bonne élève, qu'elle enregistrait des mots au gré de ses choix.

« Caramel, parlons.

— Hhhhuumm, maman. »

Souvent, elle frétillait de tout son corps en émettant ce mot délicat. Il me semblait qu'il sortait, non pas de sa bouche, mais de sa fourrure élastique, de sa silhouette entière, incurvée par la grâce des caresses.

« Tu es comme une plume qui se balade au vent, dis-je à mon chat, d'humeur poétique.

— Tu es comme une assiette assourdissante, rétorqua Caramel.

— Je t'en prie écoute-moi. Connais-tu les oiseaux ?

— Non.

— Pourtant tu en vois. Ce sont des pigeons. Ils viennent se poser sur le rebord de la chambre et aussitôt, comme hypnotisée, tu fais ah-ah-ah-ah.

— Ce sont des oiseaux, répéta-t-elle consciencieusement, en bonne élève.

— Si tu en avais un comme ami, le mangerais-tu ? »

Je désirais évaluer sa bonté. Était-elle un humain, capable de réfréner ses instincts prédateurs, ou une simple consommatrice de chair ? Quelle âme se logeait dans ce petit cerveau ?

« Maman, je ne sais pas. Je mange ce que tu me donnes. Si tu ne me donnes pas d'oiseau, je n'en mangerai pas. »

Un peu étonnée, je compris à quel point elle était dépendante de moi et cela me fendit le cœur. C'était à moi que la nature donnait le droit d'être bonne ou mauvaise. Ces notions ne voulaient rien dire pour un chat.

Il me fallait sonder davantage l'âme de Caramel. De façon évidente, beaucoup de choses lui échappaient. Il faut préciser aussi qu'elle ne sortait pas de chez elle. Quand j'étais en couple avec David, le père de celui-ci ne cessait de répéter : « Votre chatte est malheureuse ! Elle ne sort jamais ! »

Qu'éprouve un chat ? Que se passe-t-il en lui ? J'imagine que ses sensations sont proches de notre propre enfance. Quand nous sommes enfants, beaucoup de choses nous apparaissent immédiates et enveloppantes. La chaleur du manteau en fourrure de ma mère est un des souvenirs marquants de ma petite enfance. Les couleurs de notre appartement. Les petits déjeuners au lait. Caramel devait être en phase de revivre un peu les mêmes choses.

« Caramel, pourquoi aimes-tu sentir mon doigt ?

— Je veux savoir ce que ton doigt a à me raconter. S'il est un ami ou un ennemi pour moi.

— Ce n'est pas difficile à deviner. Et quand tu te tords dans tous les sens sur le lit, qu'éprouves-tu ? Tu gis dans la volupté ma grande, plus qu'aucune autre créature sur terre…

— Quand je me tors sur le lit je suis Dieu. Tout m'est donné. Du lit bondissant tel un nuage à mes pattes qui frissonnent comme si un vent les caressait.

— Tu sens la lumière qui dévale derrière la fenêtre ?

— La lumière est blanche et ne me dérange pas.

— Non Caramel, la lumière du ciel est bleue.

— Je vois tout en blanc. »

On a écrit beaucoup de choses sur le chat, et particulièrement sur son apparence physique, ses ondulations, comme s'il était impossible d'en pénétrer l'intérieur ; les textes poétiques et romanesques sur cet animal s'avèrent inévitablement décevants, car rien ne nous est dit sur les sentiments du chat que d'aucuns s'accordent à reconnaître comme profondément mystérieux.

Ma chatte n'était pas un mystère. Parfois, quand elle s'était longuement tue, je m'imaginais qu'elle était peuplée de sentiments entortillés et compliqués, puis une petite phrase d'elle me ramenait à des choses étonnamment simples et directes, donc rassurantes. Pourtant, il est un domaine que je n'avais guère exploré : comment Caramel percevait-elle le monde extérieur, elle qui ne sortait jamais – sauf dans le couloir, dûment chaperonnée ? Avait-elle des souvenirs de cette époque où nous ne nous connaissions pas, et où elle s'appelait Lisette ?

Je lui ramenai des fleurs du jardin public : elle accueillit le présent odorant avec indifférence.

Quand j'ouvrais la fenêtre de la salle à manger, Caramel venait. Les pattes arrière au sol, les pattes avant posées sur le rebord de la fenêtre, le cou dressé comme une petite girafe, elle venait contempler la rue bétonnée et l'avenue de Clichy dans laquelle se jetaient des rubans de voitures. Souvent, intriguée, elle montait sur le rebord et s'y glissait entièrement. Or, il n'y avait pas de protection. Prise d'une attaque de panique, je la suppliai de ne pas se jeter dans le vide. Elle articula alors d'une voix aiguë :

« T'es cinglée ma maman ! »

Ma chatte vivait dans trente mètres carrés. Elle avait du génie dans un aquarium. Elle me dit une fois qu'elle comprenait tout et que son imagination faisait tout. Je pense qu'elle écoutait les conversations et les voisins. Ces commérages la divertissaient autant qu'une bande dessinée peut le faire.

Un soir, près de chez moi, un homme voulut se suicider parce que sa copine l'avait lâchée.

« Yann, quand je ne veux pas, quand je dis non, c'est non ! se défendit celle-ci.

— Où habitez-vous ? lâchai-je vers la fenêtre.

— J'habite rue des Martyrs ! » répondit une voix d'homme.

La suite fut plus confuse. L'ex petite fiancée appela le SAMU. « La tigresse a appelé », m'informa Caramel, en passant sur le lit. Je raffolais d'elle rien que pour ce genre de phrases.

En matière d'amour, aussi surprenant que cela paraisse, Caramel avait quelques notions.

Et ce n'est pas seulement l'empressement avec lequel elle venait miauler derrière la porte, quand je rentrais de ma journée, qui me fait dire cela.

Caramel, comme prise par l'extase sur le rebord du lit, me demanda souvent :

« Tu as envie de moi ? »

Aussitôt, je me réfugiai dans une explication raisonnable :

« Mais Caramel, ce n'est pas possible qu'un être humain ait envie d'un chat. Nous sommes amies toi et moi, ce n'est pas du désir. »

Cependant quand, à la troisième fois, elle me demanda : « Tu as envie de moi ? », je me lançai plus courageusement :

« Je suis amoureuse de toi ! » dis-je.

Oh oui ! Dans la vallée de mes désirs, que jamais tu n'aies à mourir.

« Amoureuse de moi », répéta consciencieusement Caramel, comme si cette information était une grosse portion de nourriture.

Une nuit, elle me demanda ce qu'étaient les homosexuels. Je lui expliquai comme à une petite fille. Aussi influençable que retournée, elle sembla toute prête à prendre la défense de cette espèce à part.

Le pont de ses ronrons m'enveloppa le soir où je me mis à lui parler d'une chose que j'ai oubliée, sans doute mon rapport à la littérature, avec une grande force de sincérité mais aussi beaucoup de pédagogie. Nous étions heureuses ensemble, il n'y a pas à dire.

Dans la vie, Caramel est un des fruits de l'arbre.

Je lui ai dit un jour de me rapporter les propos véridiques et nouveaux qu'elle pourrait entendre. J'étais persuadée que quelqu'un lui parlait derrière la cloison. Depuis ce jour, tout à coup, elle quitta son coussin et trotta vers mon lit, bondit et me répéta une information inédite, un mot nouveau, comme l'eut fait un chien ramenant une balle.

Je la dispute près de la corbeille à fruits. Elle geint :

« Maman, tu es trop d'extrême droite !

— Oh pardonne-moi, mon bébé ! m'écriai-je… Je t'aime ! Et toi, tu es quoi ?

— Je suis d'extrême gauche », reprend-elle.

Elle n'a pas parlé depuis longtemps. La bouche d'un chat c'est particulier, tous les sons en sortent crémeux. Elle se colle sur ma poitrine et me fixe, comme un melon.

Je lui ai expliqué ce qu'était un tigre, un chat tigré comme elle et une tigrure. Et pourquoi les tigres pouvaient manger les hommes. Cette dernière phrase l'a mise en colère. Elle a feulé. L'extrême gauche d'un animal, c'est son refus des rapports de cruauté et de domination.

Dans le quartier où je réside, en ce moment, les gens parlent sans arrêt de Christine Boutin. C'est une femme politique très à droite. Ceci est mon jour de harcèlement. Dimanche, le jour chrétien. On recherche activement quelqu'un pour prendre ce rôle de Mme Boutin, tout du moins dans la direction morale et familiale du quartier.

« Je vais te lire *juif* », dis-je à Caramel. Je lui lis des pages entières d'*Une Histoire de ma vie* d'Aharon Appelfeld. Oh comme elle aime cela ! Ma chatte ronronne démesurément. Elle se love sur mes jambes en tailleur. Elle n'est plus qu'un petit kiwi affectueux. Elle adore juif.

« Tu vois, ça, c'est ce que maman aime, c'est ce en quoi elle croit. »

Dehors, entre l'avenue et le ciel, il y a une nappe de Christine Boutin. Une bande de types pauvres, devant un tabac, en fait l'observation. J'ai l'impression de subir une croisade, une tentative de récupération. Pour les artistes, c'est très insultant. Je pique une colère monumentale au-dessus du quartier.

Caramel est devenue invivable. Elle tourne en rond, miaule et remiaule, me harcèle. Comme si je devais remporter cette course.

La soirée se termine. Caramel est furieuse contre moi. Ce dimanche, nous n'avons rien gagné. La vie continuera comme avant, dans le bruit. J'aurais pu remporter un prix, et donc avoir un A. Une telle distinction, c'est la possibilité de vivre en paix, avec le respect du voisinage.

« Christine Boutin a un A, lance tout soudain Caramel sur le lit, d'une voix claire et distincte qui est celle d'un petit être humain outré. Elle est égoïste dans son survêtement. »

« Caramel, une chose me touche : tu es née de père inconnu. Tu as eu un père humain, que tu as oublié, mais je me souviens maintenant que tu l'aimais. Caramel, nous partageons une même chose, toi et moi : nous manquons d'un père. »

Elle se lécha consciencieusement la patte.

« Ne fais pas comme certains humains, comme si ça ne t'importait pas. Toute mon œuvre littéraire, dans mes jeunes années, tournait autour de cela. J'ai eu beaucoup à dire. Dis-moi Caramel, ton père est parti sans assumer ses responsabilités, comme le font presque tous les chats, qu'en penses-tu ?

— Je pense qu'il doit être gourmandé. »

Je songeai à sa gourmandise de chatte et eut envie de rire. Le mot allait bien avec son museau.

« N'aurais-tu pas envie qu'un deuxième soleil te lèche et assure ta sécurité ? D'autant plus que vous étiez beaucoup d'étoiles…

— J'aime mon papa, trancha Caramel avec indifférence.

— C'est si beau ce que tu me dis ma douce. J'aurais aimé connaître tes parents. »

Je songeai qu'il était toujours mieux de prononcer « j'aime mon papa ». Caramel ne faisait que son devoir et s'insérait ainsi dans une histoire de chats solide. Une fois ces propos dits, elle n'y pensait évidemment plus.

« Caramel, que penses-tu du compagnon de ma mère ?

— D'extrême droite, d'extrême droite. »

Cette réponse me fit hurler de rire. Elle ignorait tout de lui. Mais il parlait très mal, avec une grande insensibilité, des chattes que j'avais eues. La réciproque était expédiée.

Le rapport de Caramel aux livres n'était pas inconsistant. Un matin d'hiver, avant d'aller au travail, je lui lus des vers de *Rimes*, un superbe recueil de vers de Jeanne-Faure Cousin, une orfèvre des mots dont je possédais une lettre, datée de la fin de mon adolescence : ma chatte ronronna fortement. Longtemps, elle plia de désir sous les poids chantant de la poésie.

Mais il y a plus drôle. Je l'entendis dire :

« T'es Montaigne ! ».

Elle avait prononcé cette phrase sans réfléchir et pensant sans doute à toute autre chose qu'au référent réel.

Je pris alors le gros volume rouge contenant tous les *Essais* et fis à Caramel la lecture d'un long extrait. Elle parut complètement décontenancée par la teneur de ce qui sortait de ma bouche.

« Voilà, ça, c'est Montaigne ! » lui répétai-je plusieurs fois, en institutrice.

Mais elle fut plus déconcertée encore quand je lui lus une lettre du *Journal* d'Anne Frank. Le ton en était si frais, en comparaison de ce que je lui avais fait découvrir jusqu'à présent, qu'elle sembla visiblement très surprise. Comme si elle sentait qu'il s'agissait de la plume d'une enfant.

Quant à mes propres livres, Caramel ne les aimait pas. Elle se contractait quand je lui faisais la lecture d'articles rédigés à son sujet. En effet, je trouvais mon chat génial et je voulus la faire connaître à mes lecteurs sur le blog que je tenais.

« Elle est mon escargot de soie. » C'est avec cette citation de Carlos Edmundo de Ory, un poète espagnol, que commençait ma chronique *La chatte répétitrice.* Titre un peu idiot, comme si j'avais voulu faire de ma chatte un perroquet, n'osant tout de go dire aux passants qu'elle avait l'initiative de ses propres mots. Dans un passage, je précisais que Caramel connaissait Emmanuel Macron – dont elle reconnaissait la voix.

Elle le trouvait d'extrême droite, l'avait répété dix ou vingt fois, avant de laisser échapper cette phrase aussi surprenante que si un fusil tirait un bouquet de pervenches : « Pour moi Macron c'est un héros. Un héros. » Voilà ce que je notai. Mais, après que j'eus lu *La chatte répétitrice* à son inspiratrice, force fut de constater que Caramel ne se sentit pas bien.

« Macron, psychopathe… » geignit-elle au fond du lit. C'était comme si, ayant compris l'essentiel du propos, elle avait été blessée que lui soient prêtés des mots positifs vis-à-vis du Président.

Un soir, je ne sais plus à quel sujet, je pleurai. Oh ! Comme elle fut perturbée ! Elle me fixa de toute sa petite tête, l'air interrogeant et de ne pas trop comprendre, et de vouloir être là pour moi.

« Tu as sans doute de l'empathie, lui dis-je.

— Ah bon.

— C'est la capacité de se mettre à la place de quelqu'un. Vis-à-vis des animaux, nous en manquons cruellement. »

J'en vins à lui rapporter mes conversations avec un ami.

« Un ami, que je ne vois plus, me disait que tu n'étais pas sincèrement attachée à moi. Que tu m'aimais parce que j'étais celle qui te donnait ta nourriture. Que vous, les chats, ne sauriez connaître l'amour pur…

— Nous les chats. Nous devons tout garder dans notre cœur lorsque nous sommes blessés. Nous sommes comme les animaux que les humains ont désignés pour un mauvais sort.

— C'est faux. Vous êtes nettement plus gâtés que la plupart des animaux.

— Mais pourquoi ?

— Parce que vous êtes beaux. »

Je me ravisai. Les lapins aussi étaient beaux, et finissaient dans nos assiettes. Mais il ne me semblait pas y avoir d'autres explications à la pérennité du chat. Beau, beau, beau.

J'embrassai goulûment ma chatte sur le front. En me dégageant, je crus qu'elle allait prendre un air chiffonné et que les perles de ses yeux seraient plissées ; mais non, elle affichait une figure presque radieuse.

« Je connais la souffrance, dit Caramel.

— Raconte-moi.

— Des idées me perturbent, puis s'en vont. Le temps qu'elles soient parties, elles ont laissé en moi leur cicatrice. Mais, souvent, je ne m'en souviens plus bien. Tout va si vite.

— Moi je me souviens de ce qui me fait souffrir.

— Je me souviens des cages et de la terreur des enfermements, quand j'allais loin de tout.

— Oh puce. C'est fini. »

Par un malencontreux coup du hasard, un rot s'échappa de ma bouche. Caramel me regarda de loin et conclut :

« Tu m'dégoûtes. »

Contrairement à ce qu'elle disait, ma chatte n'avait pas conscience de l'injustice. Quand il m'était reproché quelque chose, quand je subissais des retours de persécution, c'était, selon elle, que je m'étais rendue coupable de quelque chose. Mes lectures à voix haute m'avaient attiré des voisins mécontents, je devais mériter ces inconvénients. Une nuit, la tête sur l'oreiller, je parlai à Caramel du poète Pessoa, ce qui la rendit nerveuse. J'avais observé qu'elle tendait désormais à prendre la fuite quand je lisais. Je lui en fis réflexion ; elle posa sa langue sur ma main et me dit : « Tu n'es pas d'extrême droite dans les livres ? » avec une bonne intonation.

Elle n'était pourtant pas tout le temps un petit commissaire du peuple. Un jour, elle prit comiquement ma défense. J'étais encore secrétaire et mes collègues me faisaient plein de misères. Caramel, qui s'était fait sa propre idée sur le sujet, me sortit d'un air simple et compréhensif : « Tes collègues, toutes hypocrites, toutes nées d'un garçon », ce qui signifiait qu'elles jouaient sur le fait que je n'avais pas de père.

Il lui est fréquemment arrivé de me maudire ou de penser à mal de moi en son for intérieur ; car, tandis que je lui fais une gentillesse, elle me dit tout à coup, avant un avalement de salive magistral : « Pârdon. » On pourrait presque entendre : « Bârdon » comme chez les enfants. Sa voix humaine est celle d'une petite enfant et ses miaulements sont ceux d'une chatte âgée ; de sorte qu'on évalue justement les chats, quand on les traite en bébés alors qu'ils sont vieux à leur échelle de chat.

Ce qui me fit le plus sourire fut la bonne humeur de Caramel un soir où je rentrai du travail et me glissai aussitôt sur le lit. Elle avait dû entendre du bien de moi durant la journée, car elle m'adorait ; au moindre bruit du voisinage, elle articula, les bras pendant de chaque côté de mon buste sur lequel elle s'était plaquée :

« On n'aime pas ma maman ? »

Puis, s'adressant à moi :

« Je te sers de couverture car tu n'es pas d'extrême droite. »

Sa voix était basse, comme pour chuchoter des secrets, avec une limpide bonne conscience, le timbre clair et plein de lait pâteux. Je m'étais mise à conserver ses souvenirs et paroles dans un journal.

Notre intimité pouvait être si forte qu'il me sembla appartenir à une même espèce que la sienne – celle d'un être peuplant l'univers, sans autre distinction ni antinomie possible.

Les pensées sont des particules d'air. En tant que telles, il doit être possible de pouvoir les entendre. Une nuit, lovée contre ma Caramel, je pensai. Mes phrases étaient à peu près dépourvues de sens. Caramel de sa voix crémeuse et tout bas, comme un déplacement de feuillage, répéta les phrases que je venais juste de penser :

« A été très appréciée. Sent bon des pieds. C'est toi ?

— Oui », lui répondis-je.

C'est dire le degré d'intimité que j'eus alors avec ma chatte.

Qu'elle dorme enroulée à mon cou donne une idée de notre rapprochement ; nous nous regardons yeux dans les yeux ; elle se fond avec moi dans le rêve, sa respiration se colle dans la mienne et j'aperçois dans notre rêve une grande nuit noire où tournent les galaxies. Ceci est l'abolition des frontières entre les espèces.

Caramel se remit à me parler de la douleur. Avec majesté et emphase. Tout assise dans sa sagesse, elle me dit une fois qu'elle connaissait de « grandes douleurs ». L'hyperbole caractérisait son discours. « Il y avait une odeur qui m'a fait souffrir le martyre », me dit-elle après que j'eus dispersé de l'insecticide dans la cuisine.

Elle attrapa un rhume dans les interstices des fenêtres. J'hésitai à prendre rendez-vous chez le vétérinaire, car elle ne voulut pas rentrer dans sa caisse. Aussi m'habituai-je, non sans inquiétude, à la voir éternuer pendant quinze jours.

« J'ai envie de mourir, gémit-elle.

— Oh non Caramel, ne meurs pas ! suppliai-je. Quand on meurt, on disparaît ; c'est fini, plus personne ne peut plus vous voir !

— Je disparais ? » fit-elle comme une enfant provocatrice.

C'était la deuxième fois que nous évoquions la mort. Elle semblait l'avoir domestiquée.

En 2019, après une grosse crise de larmes auprès d'un médecin, je fus hospitalisée. De confidence en confidence – « heureusement que j'ai mon chat… » je commis l'erreur de dire que ce dernier me parlait, et ce véritablement. Je fus étiquetée sujette à des troubles « schizo-affectifs » par le médecin en chef et fus retenue de force deux mois dans son hôpital psychiatrique.

Je pus prévenir un voisin que je partais me reposer trois jours : il eut les clés de mon appartement et se chargea de nourrir le chat.

Dès lors, quand j'appris que ma galère serait à rallonge, je n'eus qu'une hâte, et qu'une anxiété, quitter l'hôpital pour revenir s'occuper de ma belle féline.

Les deux mois filèrent avec le sentiment d'être emprisonnée. Quand j'avais une permission, j'achetais des dizaines de gâteaux sucrés tant je souffrais de boulimie. Les médicaments aussi me firent prendre du poids. Je sortis quelques jours après mes quarante ans.

Je retrouvai finalement Caramel taiseuse et éberluée, dans notre petit appartement baigné de pénombre.

« J'ai été retenue par des médecins, des psychiatres très méchants. Ils ne voulaient pas me laisser sortir. »

Elle ne disait mot. Je fus inquiète : le traumatisme de mon absence l'avait-elle laissée muette ?

« J'ai beaucoup pensé à toi. Tu m'as manqué plus que quiconque. Je me demandais ce que tu devenais.

— Un homme est venu, dit-elle enfin.

— Je sais, c'est moi qui l'ai envoyé.

— Au début, je l'ai pris pour un objet. Je ne m'en suis pas soucié.

— Ah, ah !

— Après, je suis plus souvent sortie de mon armoire pour le voir. Je n'avais personne. Il fallait qu'il soit bon pour venir ici. Comme toi, il aimait les livres, les ouvrait.

— Il te donnait à manger.

— Signe de bonté.

— Un chat ne s'y trompe jamais ! »

Je repris sensiblement mes marques avec Caramel. Elle retrouva l'habitude de venir dormir vers moi, d'abord timidement, puis d'une façon assurée. Notre intimité se consolida et repartit à zéro.

Je rentrai d'un voyage de plusieurs jours quand Caramel, ayant boudé – je lui en fis réflexion. Elle bondit sur le lit et me lécha le visage, le frottement de sa langue contre ma peau créant de petites syllabes comme si elle leur ordonnait des sons comme nous pouvons le faire dans la maîtrise d'un instrument de musique :

« Ça dure deux, trois heures, et puis… » dit donc Caramel dans ses léchouilles. Je regardai le réveil, et constatai que j'étais de retour depuis deux heures.

Mais, quand il s'agit de redevenir une chatte comme une autre, Caramel est basique. Ce sont des piétinements et des véhémences quand elle veut manger. La criaillerie, le violon aiguisé sont de mise au bas du frigo.

Un soir, comme elle avait dévoré du thon, l'odeur était désagréable et je lui demandai de ne plus me lécher. Ordinairement, un chat passe sur bien des phrases. Or, elle cessa subitement de me lécher. Les secondes passèrent. Elle ne se remit pas à l'œuvre. Mieux, elle monta sur mon buste, la tête au-dessus de mon cou, et continua à s'abstenir de tout léchage, comme pour me dire : tu vois, j'ai compris ta phrase, et je te montre que je la respecte.

Elle avait en effet coutume de me barbouiller le visage de salive, et je fus flattée d'apprendre plus tard qu'il s'agissait de déclarations d'amour.

Je vivais ces instants comme des moments suprêmes. Je n'avais plus besoin d'un homme ; lorsqu'elle posait son corps sur mon dos, ou ronronnait à crever le plafond, avalant bruyamment sa salive et jouissant sur mon buste comme une petite lesbienne, je vivais une parenthèse enchantée. Il me semblait être, moi aussi, devenue une chatte, sans orifice, toute de volupté et d'ondes concentrées. Quand elle se disposait près de moi comme un osselet ou un bébé crème, je sentais que c'était mon heure de chance et de régal.

Elle me faisait rire par son amoralité. Il est agréable de voir des gens vivre sans censure. Elle pouvait médire. Quant à un voisin alcoolique dont elle entendait les élucubrations, elle lui servit l'une des phrases les plus fluides qu'il m'ait été donné d'entendre de sa bouche : « Celui-là je peux pas le supporter je l'appelle psychopathe ». Elle geignit en disant cela. Et elle aimait former comme une boule avec sa bouche velue pour répéter : « Psychopathe ». Le mot, sans nuances, devait la séduire.

À un vernissage, chez un marchand de chocolats, je fis connaissance avec David Henri Mahé, portraitiste animalier.

Nombreux sont les livres de photographies qui sortent sur les chats. Il est plus rare que ces créatures aient leur peintre et qu'elles puissent se vanter de paraître sur des toiles.

David Henri est un artiste qui a fait de la gent féline une de ses sujets de prédilection. Il semble qu'il a pour les chats une cagette de tendresse, ou tout du moins beaucoup d'admiration pour leur beauté sans apprêt. De ces animaux, il sait capturer le regard lisse ou les petites poses. Une aquarelle et gouache remarquable, de très petit format 10x15 cm, intitulée *Chaton et le petit poisson*, nous dévoile un félin recourbé au-dessus de l'eau, les pieds tendrement piqués par l'herbe, les étoiles, fleurs du ciel, et les fleurs d'un arbre clignotant au-dessus de lui, comme dans un tableau nerveux de Van Gogh ; en dessous de l'eau sous laquelle transparaît un poisson rouge. Le petit prédateur guette, examine, attend sa proie et le moment de pouvoir lui donner un coup de patte. Sur l'eau, deux nénuphars. Le geste du guet, de la chasse est tout orné de poésie. Pour le chaton, c'est peut-être la première proie. Cette première fois équivaut à une pêche sublime.

Chez David Henri Mahé, chaque arrière-plan est une nouvelle fois. Les décors sont minutieux, avec un grand souci du détail et de la fantaisie ; marque unique, entièrement propre à l'artiste, que ces fonds qui sont le contraire de ténèbres et qui chantent, à coup de ronds, de fleurs, de rectangles, tout un paradis. Chats klimtiens comme son *Chat sur canapé*, êtres parés de fleurs comme dans *Caramel et Chocolat sakura flowers*, axé sur la technique de la troisième dimension, chats à la tortue, *Semban chan*, chat japonais dans les tons verts, jaunes et rouges. Il y a chez l'artiste, qui est par ailleurs illustrateur de fantaisie et portraitiste d'êtres humains, un trait exact, le goût de l'application et de la ressemblance. Son art, comme il le dit lui-même, s'inspire de l'art nouveau et des peintres symbolistes. Sensible aux japonismes, il prise les teintes délicates et tendres.

David Henri Mahé est un peintre qui répond à la demande des autres. Il crée à partir des désirs du maître. Ses initiatives personnelles ont été nombreuses qui l'ont forcé à conserver ses propres toiles, dont il aime à garder une trace. Chaque chat enregistré dans son monde reste un chat personnel, touché par la grâce de l'originalité, comme *The gold cat*, un animal blanc et noir fièrement dressé et contemplant la vie, devant un long enlacement de feuillages, panneau baroque. À chacun, David Henri Mahé donne une occasion de fierté et de poésie.

« Ce chat-là était aveugle, m'expliqua-t-il en me montrant *The gold cat*.

— Ah ! Je soupçonnais bien qu'il avait un handicap.

— Nous sommes très engagés contre la maltraitance animale », dit-il en englobant sa femme Kumi.

Je commandai à David Henri un tableau me représentant avec Caramel. Il me demanda des photographies. Il mêla la mienne, prise au café, celle de Caramel, debout et yeux grand ouverts, et créa son propre fond, ses propres nuances, d'après mes souhaits et indications. Le résultat fut très joli. Ma chatte avait l'air souriante sur ce portrait. J'y vis la consécration de notre amitié, au-delà des espèces.

« Tu as un copain ou tu n'intéresses personne ? »

Cette question, Caramel me la posa pendant ma longue période de solitude. Je devais convenir que personne ne remplaçait ni ne valait son ancien maître.

J'eus un petit ami, Ali. Je l'aimais bien mais il ne m'attirait pas trop. C'était un homme âgé et nous avions peu de choses en commun. Pourtant, il était un peu fou de mon chat. Plus tard, après notre rupture, chaque fois que je devais le croiser, il me demanderait en souriant :

« Et alors comment il va le chat ? »

Caramel exerçait un certain pouvoir de séduction, dont elle était complètement inconsciente. Elle repoussa les avances d'un ami, qui ne cessait de vouloir l'amadouer. C'est la seule personne qu'elle feula et rejeta. Il était vain de la raisonner, elle ne le portait pas dans son cœur.

Enfin, en un beau mois de novembre, je fis connaissance avec Adje. Nous nous vîmes dans un café, dont nous sortîmes main dans la main, comme si une certaine magie avait opéré entre nous. Il vint chez moi avec de nombreux sachets de pâtés pour chat. Caramel était sous le bureau et il agita les petits paquets sous son nez. Elle parut ne rien comprendre. Quand quelqu'un de l'extérieur venait, elle n'était qu'un quelconque petit animal tigré, ordinaire, fondu dans le décor.

Je finis par expliquer à Caramel qu'Adje l'aimait beaucoup et que, peut-être, il voudrait l'adopter.

« J'savais pas », crus-je l'entendre répondre.

Mon ami tenta de la caresser. Elle s'était réfugiée sous l'étendoir à linge et gémit de peur. Elle gémissait souvent quand elle perdait ses repères.

Il dormit à la maison, dans un duvet. Elle se promena sur son dos, signant ainsi son premier pacte de familiarité avec Adje.

« Tu m'interroges sur moi, mais toi, as-tu déjà eu des amours dans ta vie ? Caramel, je te vois absolument vieille fille. Tu n'as pas les mamelles tirées, elles sont restées enfouies sous ta fourrure, comme si aucun chaton ne les avait palpées. As-tu eu des chatons ?

— Je n'ai pas eu de chaton.

— Donc j'imagine que tu n'as pas connu de matou. Car vous les chattes, avant de faire des bébés vous vous roulez partout devant l'un d'eux. Pas de bébé, pas d'homme.

— J'aimais bien le gros blanc, dit Caramel.

— C'était qui ?

— Un ami.

— Lui aussi tu le voyais blanc ?

— Blanc, avec des tigrures, comme toi quand tu me vois.

— C'était peut-être un de tes frères.

— Nous avons toujours été ensemble.

— Ce que je pense se confirme. Amour incestueux. La stérilisation, qui vous empêche d'accéder à une vie adulte, vous rend sujets à toutes les formes de vie affective régressive.

— Nous sommes grands.

— Pardonne-moi. Vous êtes nos bébés, et nous vous castrons pour que vous le restiez.

— Le gros blanc n'avait pas de chatons non plus. Je tombais souvent sur lui en sautant du canapé. Son miaulement était doux et superbe. Il me faisait penser au soleil.

— Tu le léchais ? Tu te frottais contre lui ?

— Oui.

— C'est magnifique.

— Ainsi je sais ce que ça fait d'avoir un copain.

— Sais-tu ce qu'il est devenu ?

— Un jour, il a disparu. J'ai cessé de le voir. Je l'ai cherché. J'étais désemparée. J'ai dû me faire une raison.

— Peut-être est-il mort. Cela arrive souvent. Finalement, ce n'était probablement pas ton frère. Mais un chat d'une autre portée, beaucoup plus âgé. Je suis désolée ma puce.

— Des copains, je n'en ai plus besoin d'autre. »

Cet hiver, Caramel eut un souci de dents. C'est du moins ainsi que j'interprétai les bruits étranges qui émanaient de sa gorge. Elle semblait ne plus avaler normalement mais émettre un bruit de râpe chaque fois qu'elle mettait quelque nourriture dans sa bouche. J'eus beau remplacer momentanément ses croquettes de régime par de la pâtée plus fluide, le résultat devint le même.

« La prochaine fois que vous viendrez, faites le contrôle annuel des gencives, dit au bout du fil la secrétaire du cabinet médical.

— Oui », fis-je timidement.

J'espérai qu'il s'agirait d'un souci mineur, temporaire. Or, l'état de santé de Caramel se dégrada. Son faciès gracieux avait enlaidi et elle n'était plus tout à fait la même. Ses yeux me semblaient tout plats.

« Elle n'a pas la forme », fit observer David Henri Mahé, venu la rencontrer chez moi. Il voulait croiser la route de tous les chats qu'il avait dessinés. Il la croqua dans son panier d'oseille, de mémoire – avec une petite tête encore une fois souriante, pétulante, maligne, comme si Caramel devait renvoyer au monde le visage d'une petite coquine.

Le lundi 9 mars, j'appelai le vétérinaire. Je n'avais cessé de le promettre à Caramel, me sentant coupable de la laisser dans cet état. « Tu auras un vétérinaire, un médecin ».

Quand le vétérinaire revint, après dix ans d'absence – Caramel, comme préparée, prit une décision surprenante. Elle sauta dans la caisse que je lui avais montée de la cave. Je fermai le couvercle. Elle ne protesta pas. Elle s'y retourna quelques fois. Je lui mis de la musique jazz.

Caramel avait beaucoup maigri. Depuis une semaine, elle était méconnaissable, les joues gonflées, le museau sali de bave et d'eau, le poil ébouriffé. Elle avait beaucoup de mal à engloutir sa nourriture, en éparpillait des bouts sur le sol, et je ne savais plus que lui proposer. Mauvais signe, elle n'exécrait plus ou faisait ses selles en dehors de sa litière.

Dans le meilleur des cas, n'était-ce pas une gingivite, dont des produits efficaces nous débarrasseraient ?

Une jeune femme, vétérinaire de nuit, sonna enfin à ma porte.

Elle sortit Caramel de sa caisse :

« Vous êtes sûre que c'est une chatte agressive ou je peux la toucher maintenant ? Ouh, elle n'est pas en forme… Attendez, mais… Ce n'est pas une chatte qui pèse quatre kilos, ça ! »

Caramel fut déposée sur la table de la salle à manger. D'emblée, d'instinct, elle se laissa totalement manipuler. Comme si elle s'en remettait à nous.

La vétérinaire tâta sa gorge et fit observer qu'il y avait une grosseur. Cette surprise me fit comprendre que la vie avait perdu la partie.

La jeune femme tâta les intestins de ma belle et remarqua qu'ils étaient enflés aussi.

Je pleurai. Des grosseurs, c'est un cancer.

« Voilà une petite chatte au bout du rouleau », finit par lâcher la vétérinaire.

Elle prit sa température, sans que Caramel proteste. Le résultat afficha trente-cinq degrés et demi.

« Elle est ce qu'on appelle en phase pré-coma », commenta la jeune femme. Cette dernière tenta d'ouvrir la gueule de Caramel. L'opération s'avéra difficile. Ma chatte avait les dents « pâles ».

Nous sursautâmes : elle avait de la nourriture sous le palais. Sa gorge était tellement obstruée qu'elle ne pouvait plus avaler. Elle risquait de s'étouffer. Pas étonnant qu'elle boive autant : l'eau était tout ce qui la rattachait à la vie.

« Bref, c'est foutu, dis-je.

— Oui… » répondit doucement la vétérinaire, qui y allait avec beaucoup de doigté.

« Écoutez, on va faire l'anesthésie, puis je vais lui mettre un cathéter », proposa le médecin, sans prononcer le mot *euthanasie*. Sur ce chapitre, l'initiative me revint.

« Souhaitez-vous que je vous laisse un peu d'intimité avec votre chat ?

— Non ça va, vous ne me dérangez pas du tout. Vous me soutenez, avouai-je.

— Ça me soulage, ce que vous me dîtes ! C'est ma plus grande crainte, de déranger ! »

Je parlai avec Caramel, d'une voix plus joyeuse désormais. Nous lui mîmes une serviette vert-bleu afin qu'elle puisse y reposer sa tête. Elle faisait preuve d'une extraordinaire dignité, comme si elle savait que nous étions là pour la mener vers un meilleur repos. Elle ressemblait à une petite philosophe, ou à une petite sculpture. Sous la lumière dorée se dessinait sa tête amaigrie.

« Caramel, ma pupuce, tout va bien aller… Je t'aime… je t'aime… je t'aime, je t'ai toujours aimée… Nous aurons des livres, bons, bons (il me sembla qu'elle cillait au mot livre). Tu te souviens d'Anne Frank ? »

Après l'anesthésie, ses prunelles se contractèrent. Grandes, puis petites. Des spasmes aux oreilles la parcoururent.

La vétérinaire, avec un petit ustensile, lui rasa une patte.

« Tu as une patte de poulet, Caramel », plaisantai-je devant la laideur du résultat.

La jeune femme parvint à saisir une veine pour y verser le produit létal. Je criai de douleur.

« Tout va bien aller, maintenant, tu vas aller au paradis… Il y aura plein d'oiseaux, et plein de mamans, et plein de papas. »

Son cœur avait cessé de battre. Je pleurai plus fort. À cet instant précis, les oreilles de ma chatte se tournèrent vers l'arrière.

« Je n'avais jamais vu ça, ce genre de spasme post-mortem chez un chat, dit la vétérinaire…

— Vous savez, c'était une chatte qui n'était pas comme les autres, et je ne vous dis pas cela parce que je suis la propriétaire.

— Ah bon ? Qu'est-ce qu'elle avait ?

— Elle parlait », dis-je.

La vétérinaire ne comprit pas. Avec toute sa bienveillance, elle me dit qu'il n'était pas étonnant que des animaux nous comprennent, un mot en appelant un autre par le biais d'associations, de contextes… Je n'osais pas repréciser : « Caramel parlait vraiment ! » Je craignais d'avoir l'air dérangée. La soirée était déjà profondément dérangeante…

Mon accompagnatrice saisit le petit corps mort et enroulé sur lui-même, et l'entoura d'une serviette, blanche comme la pureté des anges, que j'étais allée chercher dans mon armoire. Caramel avait les poils si doux, et paraissait si belle, que je la caressais émue.

« C'est rare des chats qui ont d'aussi beaux poils à cet âge », observa la vétérinaire.

Elle avait quinze ans et demi, le même âge qu'Anne Frank au moment du décès.

« Ça me fait de la peine, commenta la jeune femme. Les animaux sont des êtres absolument innocents et ce n'est jamais facile de les faire mourir. »

« Au revoir Caramel », fis-je à la vétérinaire qui partait avec le corps. Je venais de payer l'incinération et le versement des cendres dans le Jardin des Souvenirs de Villepinte.

Je n'avais pas voulu dire « adieu ». Je souhaitais trop la revoir pour cela.

Le soir, Adje accourut chez moi. Il était déboussolé d'apprendre la mort de mon chat. « Elle était adorable, Caramel », dit-il. J'étais dans un état de délabrement intérieur qu'il est difficile de transcrire. C'était comme si je venais d'évacuer un cauchemar.

Désormais, mon appartement était vide. Le vide est ce qui me fait le plus mal. Il se présente à moi comme un néant définitif, une affreuse condamnation. Parfois, pourtant, je me plais encore à saluer mon chat d'une voix sonore, dont j'aime à reconnaître le timbre, comme aux jours heureux. Longtemps, dans l'appartement, je n'ai touché à rien – comme si mes gestes quotidiens devaient encore être en état pour la retrouver.

La télévision se mit à tourner dans ma chambre, pour me faire oublier le crève-cœur que j'avais.

La musique jazz est la dernière qu'elle ait entendue.

J'ai lu ou entendu quelque part que les animaux n'ont pas conscience d'eux-mêmes. C'est faux. Ils sentent, et toute sensation mène à la conscience. Caramel avait conscience d'être un « chat tigré », et répéta même l'expression : elle avait voulu être un être humain, elle rejetait l'animalité, mais être un chat la satisfit. Elle avait conscience des débordements d'amour que le mot *chat* suscite.

Sa mort à l'âge de presque seize ans, me laissa vide, blessée, démunie. Vint le premier confinement et je passai mes journées à la maison, à ressasser sa disparition. « Tu me manques, tu me manques ! » m'exclamai-je à haute voix. Ah ! Si j'avais pu vivre cette période avec elle ! Nous nous serions encore rapprochées, elle m'aurait sans doute surprise par une de ses sorties lexicales. Elle aurait dû vivre jusqu'à dix-huit ou vingt ans. Comme tout tombait mal !

Deux semaines et demie après son décès, je la vis dans un rêve : elle m'avait suivie dans un village, plein de maisons à balustrades, de restaurants, avec un talus d'herbe, sans se perdre ni s'égarer ; le village était construit autour d'un petit lac, dans lequel elle nageait ; elle faisait tout parfaitement, comme un carré qui rentre dans un carré, et, malgré mon anxiété, elle était bien là. J'interprétai ce rêve comme le signe que tout allait là bien pour Caramel, qu'elle était entrée au Paradis et que je ne devais plus me faire de soucis pour elle. Je rêvais sans cesse pour elle, mon amour, d'un ciel empli de fleurs et d'herbes au vert pommelé.

En plus d'être mon amie de tous les jours, Caramel aura été une muse. Elle a inspiré à mon nouveau compagnon une poésie. Elle a été le modèle de toute une galerie de dessins de chats tigrés, que j'exécutai sous le pseudonyme de Marie-Eléonore Desproges. Elle est une des figures de mon blog. Je lui ai dédié de nombreux poèmes. Et enfin, ce livre qui est le dernier hommage, le plus désespéré aussi, que j'aie pu rendre à ma petite fille tigrée.

Pourquoi désespéré ? Parce qu'après cela son souvenir sombrera dans l'oubli… Et je ne le veux pas.

Avec Adje, je suis allée au cimetière des animaux de Villepinte. Caramel n'y avait pas de tombe, contrairement à beaucoup d'autres de ses confrères à fourrure, mais elle avait été incinérée collectivement et ses cendres avaient été dispersées parmi un amas de cailloux ronds, bien polis, devant la stèle « le jardin des souvenirs ».

Quand je fus là-bas, je ne ressentis pas l'âme de Caramel… Je commençai à parler, en vain, dans le vent léger, et un grand vide se fit autour de moi… Puis je vis la stèle. Je m'arrêtai. C'était donc là qu'étaient incinérés les anonymes. Je me mis à sortir un flot de paroles. Et je retrouvai ma voix. Ma voix familière, de maman et d'amie, celle avec laquelle je m'étais affirmée face à Caramel, jour après jour, nuit après nuit ; et je lui parlai, et il me sembla retrouver toute l'intimité de notre appartement sur ce terrain d'herbe.

Imprimé en Allemagne
Achevé d'imprimer en novembre 2022
Dépôt légal : novembre 2022

Pour

Le Lys Bleu Éditions
40, rue du Louvre
75001 Paris

www.ingramcontent.com/pod-product-compliance
Lightning Source LLC
Chambersburg PA
CBHW062346010826
49168CB00024B/280

9791037776532